Lightning BOLT BOOKS™ en español

Explora Júpiter

Liz Milroy

ediciones Lerner ◆ Mineápolis

¡Escanea el código QR en la página 21 para ver Júpiter en 3D!

ediciones Lerner
Una división de Lerner Publishing Group, Inc.
241 First Avenue North
Mineápolis, MN 55401, EE. UU.

Si desea averiguar acerca de niveles de lectura y para obtener más información, favor consultar este título en www.lernerbooks.com.

Fuente del texto del cuerpo principal: Billy Infant regular.
Fuente proporcionada por SparkType.

Library of Congress Cataloging-in-Publication Data

The Cataloging-in-Publication Data for *Explora Júpiter* is on file at the Library of Congress.
ISBN 979-8-7656-0816-6 (lib. bdg.)
ISBN 979-8-7656-2320-6 (pbk.)
ISBN 979-8-7656-1221-7 (epub)

Fabricado en los Estados Unidos de América
1-1009448-51455-4/25/2023

Contenido

Todo sobre Júpiter

Una tormenta enorme llamada la Gran Mancha Roja te rodea. ¡Estás en Júpiter! Es el planeta más grande de nuestro sistema solar.

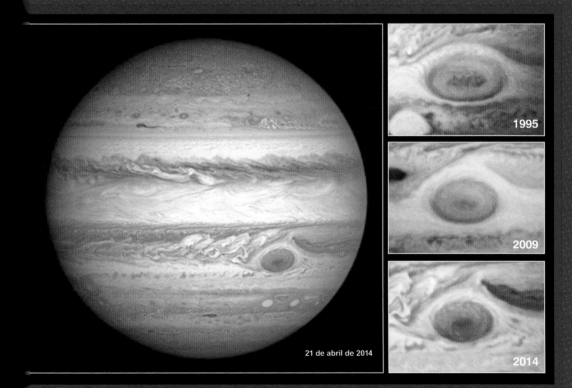

21 de abril de 2014

1995

2009

2014

Este diagrama muestra el orden de los planetas en el sistema solar.

Júpiter es el quinto planeta desde el Sol. Está a unos 484 millones de millas (779 millones de km) del Sol.

Se llama a Júpiter gigante de gas porque es muy grande y está compuesto mayormente de gas. Si colocas a Júpiter en un extremo de un sube y baja, debería haber 318 Tierras en el otro extremo para lograr el equilibrio.

Esta imagen muestra el tamaño de Júpiter en comparación con la Tierra.

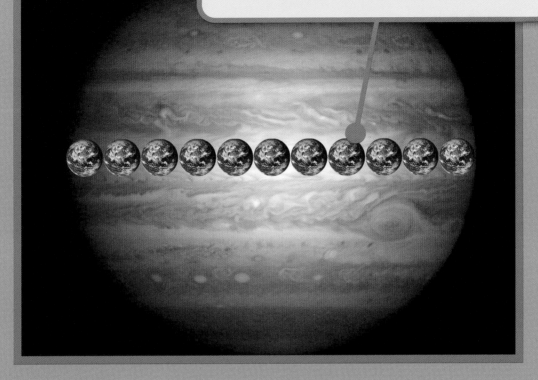

El ancho de Júpiter es suficiente como para que quepa la Tierra once veces en su diámetro.

Júpiter tiene un diámetro de 88 846 millas (142 984 km). Eso significa que tiene más de once veces el ancho de la Tierra. Si la Tierra fuera un poco más pequeña que una uva, Júpiter tendría el tamaño de un balón de baloncesto.

Las lunas de Júpiter

La Tierra tiene una sola luna, pero Júpiter tiene muchas más. Se conocen setenta y nueve lunas que giran alrededor de Júpiter.

Las personas pueden usar un telescopio para ver las lunas más grandes de Júpiter desde la Tierra.

Las cuatro lunas más grandes y famosas de Júpiter se llaman Ío, Europa, Ganímedes y Calisto. Pueden verse desde la Tierra con telescopios.

Ganímedes es la luna más grande de nuestro sistema solar. Tiene un diámetro de 3282 millas (5268 km). Incluso es más grande que el planeta Mercurio.

Ganímedes aparece detrás de Júpiter.

Júpiter era el dios del cielo y el trueno y el rey de los dioses.

Júpiter y sus lunas recibieron sus nombres de figuras de la mitología romana y griega antigua. Los antiguos romanos le dieron a Júpiter el nombre de un dios, porque se veía muy brillante en el cielo nocturno.

La vida en Júpiter

No sería lindo visitar un lugar como Júpiter. Sus vientos pueden soplar casi dos veces más rápido que los huracanes de la Tierra.

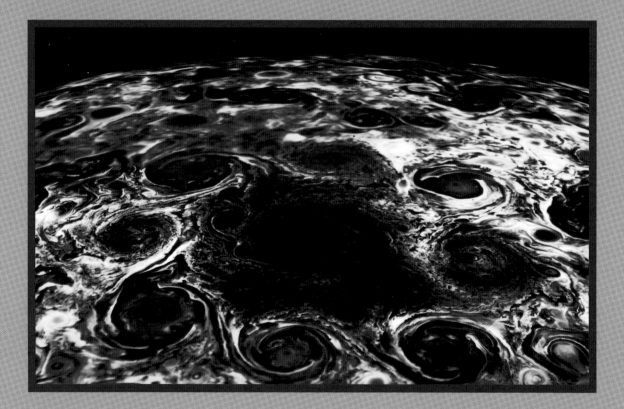

Algunos astrónomos creen que la superficie de Júpiter podría ser de metal sólido. Pero sería difícil que una nave espacial atraviese el cielo tormentoso de Júpiter y se apoye allí.

El cielo de Júpiter está lleno de tormentas como la Gran Mancha Roja.

Júpiter es muy frío. La temperatura promedio en Júpiter es de –234 °F (–148 °C).

Júpiter es demasiado frío para la vida humana.

Los demás planetas obtienen la mayor parte de su calor del Sol. Pero Júpiter se calienta gracias a su núcleo. Debajo de su atmósfera espesa y fría, el núcleo de Júpiter puede ser muy caliente.

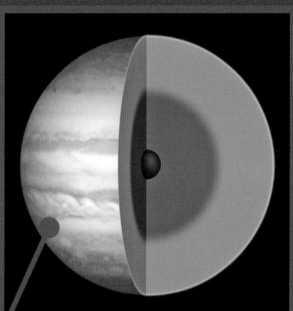

JÚPITER

Hidrógeno molecular

Hidrógeno metálico

Este diagrama muestra las capas de Júpiter desde su atmósfera hasta su núcleo.

Estudiar a Júpiter

Los astrónomos estudian a Júpiter con naves espaciales. Nueve naves espaciales han visitado Júpiter o volado cerca. A principios de la década de 1970, Pioneer 10 y Pioneer 11 se convirtieron en las primeras en volar cerca de Júpiter

Júpiter tiene anillos tenues.

A fines de la década de 1970, Voyager 1 y Voyager 2 hicieron un gran descubrimiento. Vieron que Júpiter tenía aros formados por polvo.

En esta imagen se puede ver al orbitador Juno.

El orbitador Juno llegó a Júpiter en el año 2016. Aún está en la órbita de Júpiter. Los astrónomos continúan aprendiendo sobre Júpiter.

Futuras misiones intentarán ver si alguna de las lunas de Júpiter tiene agua. ¿Las personas podrían vivir en esas lunas algún día? ¡Quizás tú estés entre los científicos que lo descubran!

Júpiter visto desde su luna Europa

Datos sobre los planetas

- La gravedad es una fuerza que une las cosas. La gravedad de Júpiter es tan fuerte que los astrónomos la usan para ayudar a las naves espaciales a alejarse más en el espacio. ¡Imagínalo como una honda gigante!

- Algunas veces, los polos de Júpiter se encienden con bellos colores y se forman las auroras. En la Tierra, son conocidas como las luces del norte.

- Júpiter gira con tanta rapidez que cada día solo tiene diez horas. Pero un año en Júpiter equivale a 4333 días de la Tierra, aproximadamente doce años.

Historia espacial

En el pasado, las personas pensaban que todo lo que había en el universo giraba en torno a la Tierra. En 1610, Galileo Galilei observó el cielo nocturno con un telescopio. Vio cuatro objetos pequeños que se movían alrededor de Júpiter. Pensó que eran estrellas pequeñas. Su descubrimiento ayudó a probar que la Tierra no era el centro del universo. Los astrónomos supieron más tarde que las estrellas pequeñas eran las cuatro lunas más grandes de Júpiter.

¡Escanea el código QR a la derecha para ver a Júpiter en 3D!

Glosario

astrónomo: un científico que observa las estrellas, los planetas y otras cosas del espacio exterior

atmósfera: una capa de gas que rodea un planeta

gigante de gas: un planeta grande compuesto mayormente de gas

huracán: una tormenta poderosa con vientos fuertes y lluvia

nave espacial: una nave hecha por las personas para desplazarse por el espacio

núcleo: el centro de un planeta

órbita: el recorrido de un cuerpo alrededor de otro cuerpo

sistema solar: nuestro Sol y todo lo que orbita a su alrededor

telescopio: una herramienta usada para observar mejor los objetos del espacio

Más información

Goldstein, Margaret J. *Discover Jupiter*. Mineápolis: Lerner Publications, 2019.

Milroy, Liz. *Explora Saturno*. Mineápolis: ediciones Lerner, 2024.

NASA for Students
https://www.nasa.gov/stem/forstudents/k-4/index.html

NASA Space Place—All about Jupiter
https://spaceplace.nasa.gov/all-about-jupiter/en/

Nichols, Michelle. *Astronomy Lab for Kids: 52 Family-Friendly Activities*. Beverly, MA: Quarry, 2016.

Ready, Jet, Go! Los planetas de nuestro sistema solar
https://pbskids.org/learn/readyjetgo/

índice

Créditos por las fotografías

Créditos de las imágenes: NASA/GSFC, p. 4; WP/Wikimedia Commons (CC BY-SA 3.0),
p. 5; NASA/JPL/Instituto de Ciencia Espacial, p. 6; NASA/JPL, pp. 7, 18; NASA/JPL/DLR,
p. 8;NPS/M.Quinn/flickr (CC BY 2.0), p. 9; NASA, ESA y E. Karkoschka (Universidad de Arizona),
p. 10; The J. Paul Getty Museum, Los Ángeles, p. 11; NASA/JPL-Caltech/SwRI/ASI/INAF
/JIRAM, p. 12; NASA/JPL-Caltech/SwRI/MSSS/Joerg-Schneider, p. 13; NASA/JPL-Caltech
/SwRI/MSSS/Kevin M. Gill/flickr (CC BY 2.0), p. 14; NASA/Instituto Lunar y Planetario, p. 15;
NASA/ARC, p. 16; NASA/Universidad Johns Hopkins, Laboratorio de Física Aplicada/Instituto
de Investigación Southwest, p. 17; NASA/JPL-Caltech, p. 19.

Portada: NASA, ESA, A. Simon (Centro de Vuelo Espacial Goddard) y M.H. Wong (Universidad de
California, Berkeley) (CC BY 4.0).